Hanna Helwig

Häschen Naseweis

ars edition

H. H.

Am Rand des Waldes, unter einer großen Tanne, ist Familie Langohr daheim. Die große Wohnung ist im Winter warm, im Sommer kühl, so recht gemütlich für Langohrs. Dazu haben sie gleich vor der Wohnung ein Kohl- und Rübenfeld. Besser kann es wirklich kein Hase haben.
Heute ist der Hasenvater mit den Kindern schon früh auf dem Felde, um Kohl und Rüben zu holen. «Kinder», sagt er, «wir wollen heute der Mutti nur das Schönste mitbringen, ich glaube, sie hat eine Überraschung für euch.»
Nun haben es die Kinder aber eilig, und als sie heimkommen, hat Mutti wirklich eine große Überraschung für sie in ihren Armen. Ein kleines, niedliches Hasenkind ist inzwischen angekommen. Ein Brüderlein mit schneeweißem Näschen. Begeistert rufen alle drei Kinder: «Das ist ja ein kleiner Nase-weiß, ja, so soll das Brüderlein heißen: Nase-weiß, Häschen Nase-weiß!»

H. H.

In der gemütlich warmen Hasenwohnung sind viele Stuben. Nase-weiß hat ein eigenes kleines Stübchen, neben dem Kinderschlafzimmer und der Küche, in der die Mutti immer viel zu tun hat, in der das kleine Häschen auch gebadet wird. Es schläft in einem Obstkistchen, in dem einmal Apfelsinen aus Italien lagen, darum duftet es so gut. Ein buntes Tüchlein, das der Hasenvati im Walde fand, wurde der Betthimmel. So ist Naseweißchen, wie alle es nennen, wunderschön und warm gebettet. Sogar ein Spielzeug hat es schon. Die Hasenkinder haben es ihm gebracht, es war an Ostern unter einem Busch im Walde stehengeblieben.
Aber das Beste ist für Nase-weiß doch die Mutti. Sie sitzt am Bettchen und singt ihr jüngstes Hasenkind in den Schlaf:

«Schlaf ein, mein liebes Schnuckelchen
mit deinen braunen Guckelchen
und deinem weichen Buckelchen, schlaf ein!»

H. H.

Am ersten schönen Sonnentag führen Schwesterchen und Brüderchen den kleinen Nase-weiß, der schon sehr gut laufen kann, das erste-mal aus.
Mäuslein und Vogel Goldhähnchen begrüßen den neuen kleinen Waldbewohner.
Nun sieht der kleine Hase zum erstenmal die Welt draußen. Er spitzt die Öhrchen und macht runde, erstaunte Äuglein. Schwesterchen hebt ihn hoch und zeigt ihm die große Welt. «Sieh, Nase-weißchen», ruft es, «dies ist unser Kohlfeld, der ganze Kohl gehört uns, alles können wir aufessen. Und hier ist unser Rübenfeld, alle Rüben gehören uns, alle können wir aufessen. Die ganze große Welt gehört uns, überall können wir hinspringen.» «Ei», ruft Nase-weiß und strampelt vor Vergnügen, «dann laß mich los, ich will in die Welt springen.» «Nein», sagt Schwesterchen, «dazu bist du noch zu klein, die großen Tiere könnten dir weh tun.»

Nach dem ersten Spaziergang soll Nase-weiß nun schlafen. In der Küche nebenan schneidet die Hasenmutti Kohl und Rüben für das Mittagessen und singt dabei das Wiegenlied.
Der Vater und die Geschwister tummeln sich noch im Walde.
Ach, denkt der kleine Nase-weiß, warum soll ich schlafen? Es ist doch heller Sonnenschein, ich schau mir lieber die große Welt an. Bevor die Mutti es bemerkt, hüpft er aus dem Bettchen heraus und verschwindet.
Draußen sitzt das Goldhähnchen und piept erstaunt: «Was tust du hier allein, kleines Häschen?»
«Ich will mir die große Welt anschauen, Vöglein», flüstert Nase-weiß. «Das darfst du nicht allein, böse Tiere könnten dir weh tun!» «Ach», sagt Nase-weiß, «böse Tiere gibt es gar nicht, ich springe jetzt in die große Welt!» «Piep, piep», ruft das Goldhähnchen hinterher. «Du bist doch noch ein rechter Naseweis!»
So, nun hat er seinen richtigen Namen!

Beim Bauernhaus hinter dem Zaun wohnt Muschi, die Katze, mit ihren drei Kindern. Naseweis springt fröhlich an ihr vorüber.

Eben ist Milch für die Kätzchen hingestellt worden. Was ist denn das, gleich muß ich probieren, wie das schmeckt, denkt Naseweis und steckt seine kleine Zunge in die Milch. «Na warte nur, du Naseweis, ich werde dich schon vertreiben», faucht die Katzenmutter. Und sie gibt dem Häschen eine tüchtige Ohrfeige.
Nun weint der kleine Naseweis: «O du böses Tier!»
Goldhähnchen auf dem Zaun piept: «Siehst du, kleiner Naseweis, die Fremde ist noch nichts für dich, spring nur schnell zurück nach Hause.»
«Nein», sagt das unfolgsame Häschen, «ich will mir die Welt anschauen.»

H. H.

Schon springt das Häschen wieder weiter. Doch da sitzt ein komisches Tier mit krummen Beinen, Waldi der Dackel. Waldi rennt allem nach, was sich bewegt, und erst recht, wenn es ein kleiner Hase ist.
«Den muß ich haben», bellt er, so laut er kann, daß dem Naseweischen die Ohren zittern. Jetzt wäre es doch gern nach Hause gelaufen, aber nun weiß es den Weg nicht mehr. Dieses schreckliche Tier!
«Mutti, Mutti», ruft Naseweischen und sein kleines Hasenherz klopft ängstlich. Doch die Mutti sorgt sich daheim um ihr Hasenkind und kann es nicht hören. Fast hätte Waldi das Häschen schon am Genick gepackt, da piept das Goldhähnchen: «Der Fuchs ist im Wald, der Fuchs!» Richtig, da lugt Rotrock, der Fuchs, zwischen den Stämmen hervor.

«Was, der Fuchs?» bellt Waldi. «Auf den habe ich schon lange gewartet, er hat erst gestern wieder eine Gans gestohlen. Lauf heim, kleiner Hase, jetzt muß ich den Fuchs fangen.»

H. H.

Gern hätte Naseweischen nun einen kleinen Freudenhüpfer gemacht, aber es ist viel zu müde dazu. Langsam läuft es auf die Wiese. Es ist doch nicht so einfach für einen kleinen Hasen, sich allein die Welt anzuschauen.
Da rauscht es über dem Häschen. Ein großer Vogel kommt blitzschnell von oben, packt Naseweischen mit den Krallen und fliegt damit hoch in die Luft. Das arme Häschen weiß nicht, wie ihm geschieht, es sieht auf einmal die Welt von oben, aber es fühlt auch, daß es verloren ist.
Da, was ist das? Ein Schuß kracht – der Habicht läßt erschrocken Naseweischen aus den Krallen fallen und fliegt schnell davon.
Naseweischen fällt und fällt, es denkt nur noch: Ach wär ich doch bei Mutti daheim im warmen Bettchen geblieben. – Auf einmal fühlt es, daß es irgendwo sitzt, und als es die Augen öffnet, sieht es, daß es auf einem Kohlkopf sitzt; vor ihm piept das gute Goldhähnchen: «Da hast du aber Glück gehabt, kleiner unfolgsamer Naseweis!»

K. H.

Inzwischen hat die ganze Familie Langohr voll Angst und Sorge ihr liebes Nase-weißchen überall gesucht. Zuerst in der großen Wohnung, doch da war es nirgends zu finden. Dann suchten sie alle im Wald und auf dem Felde. Die Kinder guckten hinter jeden Kohlkopf und riefen: «Wo bist du, Nase-weißchen?» Aber kein Nase-weiß war zu sehen oder zu hören. Nun steht die Familie traurig vor der Wohnung. Die Hasenmutti weint; wird sie ihr Nase-weißchen jemals wiedersehen? Da fliegt auf einmal der große Vogel am Himmel, ein Schuß kracht und sie sehen, wie Nase-weißchen geradewegs vom Himmel auf ihr Kohlfeld fällt. Jubelnd springen alle herzu. Die Mutti nimmt ihr Kind in den Arm und wischt ihm die letzte Träne aus den Äuglein. Die Geschwister führen es freudig heim. Nase-weißchen aber verspricht, kein Naseweis mehr zu sein und nie wieder allein davonzuspringen.

Bohatta-Bilderbücher
zum Aussuchen, für Kinder gemalt und geschrieben
für die Frühlingszeit und für Ostern

Bohatta: Bitte freundlich
Die frohen Blumenkinder
Der Blumenstrauß
Bunte Flüglein
Fritz Osterhas & Sohn
Die Frühlingskinder
Mein Gärtlein

Bohatta: Die Glockenelfe
Im Osterhasenhäuschen
Piep!
Die lieben Sonnenstrahlen
Alle Vöglein sind schon da
Wir sind vergnügt
Der lustige Wixi

Bohatta: Wixi wird modern
Helwig: Häschen-Fibel
Häschen Naseweis
Schmid: Der kleine Hase Hoppsi
Molly, das Hasenkind
Mümmelchen
Schnubbernäschen

ars edition

Printed in West-Germany · ISBN 3-7607-6067-8